*Laß dir deine Träume
nicht stehlen*

Laß dir deine Träume nicht stehlen

Verschenk-Texte von Kristiane Allert-Wybranietz

Mit Fotografien von
Kristiane Allert-Wybranietz und Volker Wybranietz

WILHELM HEYNE VERLAG
MÜNCHEN

Copyright © 1999 by Wilhelm Heyne Verlag
GmbH & Co. KG, München
Schutzumschlag und graphische Gestaltung:
Art & Design Norbert Härtl, München
Satz: KortSatz GmbH, München
Druck und Bindung: RMO, München
Printed in Germany

ISBN 3-453-15361-8

Ausgelassenheit

Manchmal
stecke ich
meinen ERNST
in HAFT.

Depression

Ich komme mir vor,
als hätte ich mich
selbst vom
unbeschwerten Leben
ausgesperrt.

Da hilft auch
kein Not-Schlüsseldienst.

Der Alltag
macht
mir
zuweilen
Knoten
in die
Atmung.

Streß,
Hektik und Eile,
Magenprobleme,
Hauterkrankungen,
Angstzustände

– derzeit herrscht
bei mir
innerbetriebliches
Durcheinander.

Lassen wir
uns alle Wünsche und
Illusionen
stehlen,

gleichen wir kahlen Bäumen,
die nicht mehr an das
Frühjahr glauben.

Laß dir deine Träume nicht stehlen!

Mit voller Absicht
sich selbst verwöhnen

Ab und zu
brate ich mir
eine Extrawurst
fürs Wohlbefinden,

denn nichts
bewegt sich zum Positiven,
lasse ich es mir
selbst schlechtgehen.

Klatschmaul

Du rühmst dich
deiner großen
Sach- und Menschenkenntnis
und bist erschreckend
blind gegenüber
deinen Fehldiagnosen.

Du ziehst im verborgenen
deine Fäden.
Leichthin hast du schon
so manches Todesurteil gesprochen,
so manchen Rufmord begangen.

Resignierter Abschied

Du warst
schon
wieder
betrunken;

da ging ich,
ziemlich ernüchtert.

Brillanter Entschluß

Schluß mit meiner
verdammten Zögerlichkeit.

Ab sofort gilt nur
noch das eine:

das »Probier-es-aus-Prinzip«!

Der Hafen der Ehe

Viele sind glücklich,
wenn sie für die Einfahrt
grünes Licht erhalten,

doch viele Wracks
liegen vor den Küsten
auf Grund.

Mißtrauen,
Neid,
Unsicherheit,
Überängstlichkeit,
Zweifel,
Gier und
Eifersucht
in der Blutbahn?

Vorsicht!
Selbstvergiftungs-Gefahr!

Was unsere Lebensträume
und Herzenswünsche betrifft,

gibt es hierzulande
zahlreiche Rattenfänger,
die uns auflauern,
damit wir ihnen
widerstandslos folgen.

Melancholische Erinnerung

Hier sitze ich,
an diesem Ort,
wo wir zusammen waren,
so oft und für so lange Zeit.

Ich betrachte
die Stühle, auf denen du gesessen hast,
die Fußbodenfliesen, über die du gegangen bist,
die Bilder, die du angeschaut hast,
die Gläser, die du berührt hast,

und ich vermisse
dich schmerzlich.

Weißt du, das hier sind
jetzt Stühle, Fußbodenfliesen,
Bilder und Gläser –
nicht mehr.

Ein Ort ohne dich.

Frißt du
Ärger
und Frust
in dich hinein,
macht dich das satt,
gewissermaßen.

Du spürst keinen Hunger.

Solche Nahrung
stärkt nicht,
sie schwächt in jeder Beziehung.

In den Straßen der Stadt

Wenn du dich
zurückgewiesen und
wertlos fühlst,

schau dir all
diese Gesichter an,
all diese Menschen –

du bist so wichtig
wie jeder andere.

Nicht mehr.
Nicht weniger.

Eine beinahe verpatzte Liebesgeschichte

Fast hätte ich
dich verloren,
noch bevor ich
dich gewonnen hatte.

Zögerliches Abwarten
ist zuweilen
teuer zu bezahlen.

Manchmal beneide
ich meine Katzen,

da sie weder schuld-
noch straffähig sind.

Welch unbeschwertes Leben!

Ich kaufte
einen Rosenbusch,
champagnerfarben,
reichblühend angeblich,
hochprämiert,
winterfest und
schädlingsresistent.

Nun frage ich mich gespannt,
ob die Pflanze gut gedeiht
oder ob alles nur
leere Versprechungen waren.

Dieselbe Frage habe ich
zu unserer Liebe.

Liebe

Maßgeschneiderte Gefühle
gibt es nicht,
weich gepolsterte Garantien
auf die Ewigkeit ebensowenig.

Zusammenleben muß
individuell komponiert werden:

Jede Liebe eine eigene Symphonie.

Vorschriften,
Verbote,
Gebote,
Regelungen,
ungeschriebene Gesetze,
geschriebene Gesetze,
Benimmregeln
und so weiter!

Schreib deine eigene Geschichte!

Nicht nur zur Weihnachtszeit

Einen Wunschzettel
der eigenen Seele
erstellen

— und diese Wünsche
dann Stück für Stück
erfüllen.

Schuldgefühle und Sorgen
wie schwere Wackersteine
mit sich herumzutragen,
pflastert nicht die Straßen
des Lebens für gutes Vorwärtskommen,

sondern läßt uns schwer
und unbeweglich zurück. —

Das Leben geht weiter.

Täuscher

Erst webst du
das Maschenwerk
unserer Beziehung
so dicht und fest,
daß der Eindruck
von Haltbarkeit entsteht ...

und plötzlich
läßt du alle
Fäden lose herumlottern.

Absage

Meine Zuneigung,
Zärtlichkeit und Liebe
kannst du nicht
auf dem Wege der
Zwangsvollstreckung
erlangen –

selbst beim Offenbarungseid
müßte ich erklären,
daß ich von dem,
was du einfordern willst,
nichts mehr besitze.

Leider sind
wir vielerorts
nur noch Karteikarten,
die bearbeitet werden
müssen, damit sie abgelegt
werden können –
ERLEDIGT!

Wer fragt da
schon nach Gefühlen!

GEDULD?
GE   LD!
GE   LD!

GE   LD!

      DU
WO BLEIBST DU?

Melancholische Impression

Manchmal
weint mein
Lächeln.

Unsere Wünsche,
Sehnsüchte, Hoffnungen
und Träume
sind wie
große Segel,
die uns antreiben
und schützend
unseren Alltag
überspannen.

Liebesgedicht
– mitten aus dem Alltag –

Wir können uns so verständigen,
daß es nicht von jedermann
verstanden wird,

unsere Geheimsprache sozusagen!
Teil unseres Vertrauens
zueinander und unserer
Intimität.

Die Angst,
nicht modisch zu sein,
nicht attraktiv zu wirken,
nicht gemocht zu werden –

Keimzelle
für Millionenumsätze!

In so mancher
menschlichen Gemeinschaft
wie Familie oder Kollegium
funktioniert nichts
ordnungsgemäß
– außer der Hackordnung.

Bis heute
war ich Dauer-Camper
auf Sorgen- und Zweifelsterrain.

Jetzt breche ich
meine Zelte
auf solchem Grund ab.

Stehst du überhaupt auf
meiner Seite?
– Freundschaft im Zweifel –

Du verhältst dich
wie ein Geheimagent,

sammelst Informationen
von mir und über mich, gibst aber
keine über dich heraus.

Ich werde meinen
Abwehrdienst
einsetzen müssen.

Schau ich in dein Gesicht,
wird mir ganz deutlich,
daß enge Lebensbedingungen
verkniffen machen.

Sag mir,
wieviel Lebensfreude,
wie viele Bedürfnisse und Wünsche
mußtest du dir
schon verkneifen?

Mit dem
eigenen Schatten
Frieden schließen

ist die Hauptvoraussetzung,
eine stabile innere Heimat
zu finden und sich
wohl zu fühlen.

Du meinst
mit subtiler Schuldzuweisung
und mit versteckten Drohungen
im mitmenschlichen Bereich
erreichen zu können,
was du willst.

Wer mit Schuld und Angst
arbeitet,
ist immer der Verlierer –
zumindest in diesem Bereich.

Für die richtigen
Schritte
im Leben

braucht der Mensch
Engagement,
Kraft, Mut und
einen guten Riecher.

Trotz alledem

Von Zeit zu Zeit
bade ich in funkelnden
Fontänen der Lebensfreude.
Was bleibt
für die,
die mir mit
Arroganz und Dummheit,
Besserwisserei und Kleinkrämerseele
das Leben erschweren wollen,
ist ein cooles Lächeln.

Anspannungsprofil

In deiner Werkstatt
finde ich vieles,
was sich brauchbar
für mein Leben anhört:

Antriebsmittel.
Lösungsmittel.
Spannungsregler.
Druckminderer.

nur funktioniert es so einfach nicht.
Leider ...

Meine Zweifel
treten auf
in Haufen, Trauben, Schwärmen
und großen Gruppen.

Sie sind Angreifer,
die keiner sieht,
Aggressoren gegen
Gelassenheit und Seelenfrieden.

Der Drahtzieher,
der Kopf dahinter,
ist der Gegenspieler
meines Selbstvertrauens.

Angeber,
Heuchler,
Lügner,
Pessimisten,
Ausbeuter,
Aufhetzer,
Anpasser –

hüte dich vor diesen
toxischen Miesmacher-Typen!

Sie sind erklärte Feinde
des guten Lebens.

Herbe Kritik an D.

Was ist das,
was du da aus
deinem Leben
machst?
Das Leben kann
so bunt und schön
und reich sein,
und du ...

bist so grau und
kleinkariert, so
miesepetrig und
schon halb versunken
im Schlamm der
selbstverräterischen Anpassung.

Intelligente ferngelenkte Waffen
erlauben heute die Auswahl,
welches Gebäude, sogar
welches Zimmer in einem Gebäude
man im Feindesland treffen und
zerstören will. –
So lese ich in der Zeitung.
Bomben-Intelligenz für
die Kriege im 21. Jahrhundert?

Kriege sind nie die
intelligente Lösung.

Unterwegs
in unserer
Konsumgesellschaft
und ihren Tempeln,
bombardiert von
Werbemächten,

spüre ich vielen
Dingen und Angeboten gegenüber
eine deutlich zunehmende
Bedürfnislosigkeit in mir

– und fühle mich sehr reich.

Manchmal
müssen die
kleinen Träume
plötzlich
den ganz großen Platz
machen.

Dann brauchen wir Kraft.

Blender

Deinen Reden nach,
in der Theorie ersonnen
und lauthals verkündet,
bist du souverän in jeder Situation.

Im wirklichen Leben
— da draußen —
bist du geübt im Wegsehen,
sobald es brenzlig wird.

»Was geht die Not anderer mich an?«

In Sachen
Mitgefühl
bist du einfach
eine Niete.

Auf der Suche
nach der
verlorenen
Begeisterungsfähigkeit
fallen viele

den lauten, schrillen
Zerstreuungen anheim.
Immer am Trend
orientiert,
werden sie selbst
zur schnellebigen Modeerscheinung –

fern von einer
fruchtbaren und lebensbejahenden
Selbstannahme.

Nicht zu bremsen

Reden auch alle
um mich herum
von den Steinen,
die mir im Weg
liegen könnten,

lasse ich mich
von ihnen nicht
aufhalten
auf meinem
Weg zu den Sternen.

Miteinander reden

Verlassen wir
das dir vertraute Terrain,
seichtes Geplauder,

gerät unser Gespräch
schnell ins Stocken.

Die Schweigsamkeit
fällt dich an,
und du stellst
deine Fluchtfahrzeuge bereit.

»Du läßt auf dich warten!«
nörgelt das Leben.

Wie gut,
ab und zu
die Auflehnung
der Lebendigkeit
in mir zu spüren.

Nicht immer ist ein Entkommen möglich

Befinde ich mich
in negativ denkender und
handelnder Gesellschaft,
fällt dieser Pessimismus
wie Gift in meinen Organismus ein,

und ich muß
mein Selbstvertrauen
stark aktivieren
als Antikörper
gegen Angst und Negativität,
die mich überfluten
und verschlingen wollen.

Aufbruch

Alte Verhaltensmuster erkennen
und erneuern,

schädliche Konditionierungen
abbauen,

die Voreingenommenheit
dem Leben gegenüber
aufgeben

und auf Entdeckungsreise
zu sich selbst gehen.

Offenbar wirke
ich auf manche
wie »MISS VERSTÄNDNIS«,

die sie gerne und viel
gebrauchen,
be- und ausnutzen.

Halten die mich
für grenzenlos
hilfsbereit?

Das wäre ein MISSVERSTÄNDNIS.

Zwischen Hoffnung
und Angst
liegt das Leben brach –

ein weites, fruchtbares Feld,
das es zu beackern gilt.

Lange lief ich
fort vor Schwierigkeiten,
nahm die Beine
in die Hand,
um Ungewißheiten zu entkommen
und suchte verzweifelt nach
Garanten für Problemlosigkeit.

Heute begrüße ich Probleme & Co.
als meine Freunde
und nenne sie vertraulich
Herausforderungen.

Schmarotzerdasein
im verborgenen

Du mogelst dich
so durch,
sagst du.

Damit lebst du
auf einem Niveau,
von wo aus du
nicht tief fallen kannst.

Unsterblichkeit ist ausverkauft

Auch wenn wir
uns noch so
wehren:

Wir alle
tragen das
Brandzeichen
des Lebens.

Schutzbedürfnis

Darstellungen
von sicherer Geborgenheit
rühren so viele so stark
an,
weil sie diese
meistens nicht spüren,
trotz aller Versicherungen.

Wirklich am Leben teilnehmen
– mit allen Höhen und Tiefen –

In meinem Denken
lauern
emotionale Scharfschützen
an jeder Ecke.

Nach und nach
lerne ich,
ihren Wert zu schätzen.

Keinen Schongang

Schone dich nicht zu sehr,

denn dein Betätigungsfeld
ist auch
dein Bestätigungsfeld.

Gutgemeinte Besorgnis

»Du wirkst manchmal
so ausgezehrt«,
sagt ihr.

Kein Wunder,
es gibt Zeiten,
da werfe ich mich
meinen negativen Gedanken
zum Fraß vor.

Stark eingeengt

Viele meinen,
wenn sie von
Kopffreiheit sprechen,
nur noch die
in ihrem Auto.

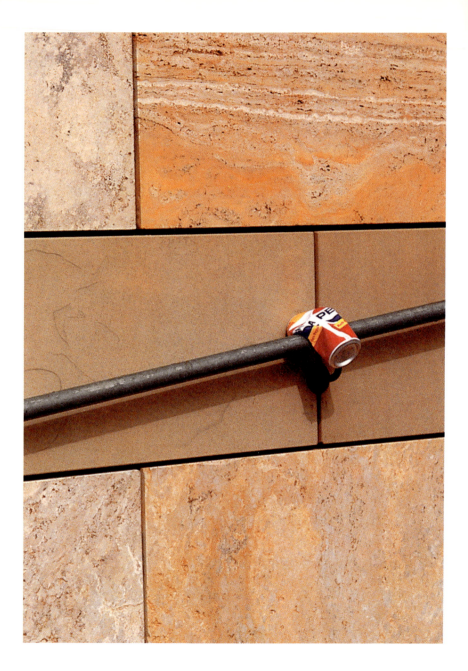

Nobel
durchgestylt –

die Wohnung,
deine Kleidung,
die ganze Erscheinung,

doch
du kommst mir so
einsam vor
in deinem
Wertstoffsack.

Magersucht

Zu stark beschnitten
in meinem Wachstum
durch mich selbst und andere,
bestrafte ich
solcherlei Frevel
mit totaler Verweigerung

der Nahrung.

Wenn die Liebe gelingen
soll,
müssen wir loszulassen lernen
und dürfen nicht
am Partner kleben
wie Eisenspäne am Magnet.

Nach der Depression

Wie ein verlassener
Kirmesplatz,
auf dem Dämonen
ihre üblen Späße trieben,
liegt im Rückblick
alles da

— nur ein wenig Unrat
blieb zurück
von dem Spektakel,
das mich niederdrückte.

Gute Aussicht

In Zukunft
will ich nicht
schon
von vorneherein
geistige und gefühlsmäßige
Trauerkleidung
bereitlegen,

sondern mich
vertrauensvoll
dem Leben in die Hände geben.

Unerwünschte Nebenwirkung

Ich rollte mich
in Krankheit ein
wie in einen Schutzmantel.

Ein gewisser Schutz
bot sich mir,

doch hielt mich das
Mäntelchen auch
vom Leben fern.

Der Vertrauensbruch war total

Bei uns kann
Burgfrieden herrschen,

zwischen uns jedoch
keine Freundschaft
mehr sein.

Die Passionsblume
symbolisiert
reine, bedingungslose Liebe
und Einigkeit von Seele und Geist.

Sie sollte Pflichtgewächs
für jedermann werden,
wie einst der Gummibaum
in deutschen Wohnzimmern.

Abschiedsgedicht
für meinen Vater

Wenn ein Leben dort
angekommen ist,
wo das Dasein
fast nur noch aus Unvermögen
und Schmerz
besteht,
dann wird LEBEN
zu einer ermüdenden, erschöpfenden
und kräftezehrenden LAST.

Du möchtest aktiv sein,
aber selbst das geht kaum noch.
Und das bißchen,
was du noch schaffst,
geht nur mit
großen Einschränkungen und
vielen Schmerzen.

Du möchtest teilhaben am Leben,
aber du bist müde,
so unendlich müde und schwach,

daß alle Wünsche ihre Bedeutung
und Wichtigkeit verlieren.

Dann muß es sein
wie das Ablegen, die Befreiung von
einer großen, fast nicht mehr zu tragenden Last,
wenn du dich endlich
hinlegen kannst
und in Frieden ruhst.

Gegönnt sei dir die Schmerzfreiheit,
die Ruhe und der Frieden.
In unseren Herzen
wirst du weiterleben.

Ausgewogenheit der Lebensziele

In dem
Labyrinth aus
Wirklichkeit und Illusion
sich gut
zurechtzufinden
ist ein Meisterstück
der Überlebenskunst.

Boshafter Wunsch

So manchem
sollte das Leben
mal eine ordentlich
schmerzhafte
Lektion gegen das Schweigen
verpassen.

Herzen sollten

vor Freude hüpfen,
entspannt ruhig schlagen,
vor Anstrengung klopfen,
vor Schmerz weh tun,
erwartungsvoll pochen,
vor Ergriffenheit beben.

Zu viele Herzen
zittern nur noch
– vor Lebensangst.

Ich half hier und dort,
sprang da ein,
war vielerorts im Einsatz.

Langsam begann mein Acker
brachzuliegen,
da ich so beschäftigt war,
auf anderen Ländereien auszuhelfen.

Ab heute bin ich zuerst
mein Entwicklungshelfer.

Manchmal spüre ich
inneren Frieden.

Aus diesem Paradies
werde ich dann garantiert
nicht vertrieben.

Kompetenzgerangel

Wer ist zuständig
für mein Leben?

In erster Linie
ich.

Uneingeschränktes
Rückgaberecht
haben wir
für unser Leben nicht.

Wem gegenüber auch?

So manches
Familienleben
findet im
verborgenen statt.

Aus dieser Dunkelkammer
heraus
an die Öffentlichkeit
gelangen nur
die geschönten Bilder –

selbstverständlich in Hochglanz.

Nicht nur wetterabhängig

Die häufig anzutreffende
emotionale Abkühlung
und Gleichgültigkeit der
Menschen hierzulande

erweckt den Eindruck,
die Sonne habe beschlossen,
unser Land zu ignorieren.

Manchmal
sind unsere Wünsche
riesengroß,
die Ziele zu hoch gesteckt,

wir passen in diese Anforderungen
nicht hinein.

Dann ist
Reduzierung lebensrettend.

Endlich aufgewacht

Viele Heilserwartungen,
an die ich mich
im Lauf des Lebens klammerte,
wurden brüchig oder
zerstört.

Worauf kann ich bauen,
außer auf meine eigene Kraft?

Nach einer stürmischen Affäre

Du bist wieder
in deine alten Bahnen
zurückgegangen,
für mich gilt damit:
»Wir danken folgenden Mitspielern ...«

Es war ja doch nur eine Nebenrolle.

Such deine Gesellschaft
– vor allem im
sozialen Nahbereich –
behutsam aus,
denn

Mißtrauen
ins Leben
ist
ansteckend
wie Masern.

Der Lebenskampf
gestaltet sich
deshalb schwierig,
da der äußere und der
innere Feind
leicht verschwimmen.

Es ist immer von Nachteil,
den Gegner nicht richtig
zu kennen.

Wir Menschen verhalten uns zuweilen,
als seien wir belastbar
wie Linienflugzeuge –
permanent im Einsatz.

Dabei bedenken wir
scheinbar nicht,
daß es weder
für unseren Körper
noch für unsere Seele
Ersatzteillager gibt.

Kristiane Allert-Wybranietz wurde 1955 in
Obernkirchen (Niedersachsen) geboren und lebt heute in
Auetal-Rolfshagen.
Mit ihren Verschenk-Texten wurde sie die erfolgreichste
Poetin der achtziger Jahre.

Im Wilhelm Heyne Verlag erschienen von ihr bisher
sechzehn Bücher, zuletzt Poetische Texte unter dem Titel:
»Leben beginnt jeden Tag«.